COLLECTION

D'ESTAMPES JAPONAISES

PIÈCES DE CHOIX

PROVENANT DU CABINET

DE M. THÉODORE DURET

VENTE A L'HOTEL DROUOT
Le Lundi 15 Février 1897
A DEUX HEURES

PARIS
ERNEST LEROUX, ÉDITEUR
28, RUE BONAPARTE, 28

1897

COLLECTION
THÉODORE DURET

CONDITIONS DE LA VENTE

La vente est faite au comptant.

Les adjudicataires paieront cinq pour cent en sus des enchères applicables aux frais.

M. Ernest Leroux se charge des commissions des personnes qui ne pourront assister à la vente.

COLLECTION
d'Estampes Japonaises

PIÈCES DE CHOIX
PROVENANT DU CABINET
DE M. THÉODORE DURET

VENTE A L'HOTEL DROUOT, SALLE N° 8
LE LUNDI 15 FÉVRIER 1897
A DEUX HEURES

Par le ministère de M° MAURICE DELESTRE, Commissaire-Priseur,
Rue Saint-Georges, 5,

Avec l'assistance de M. ERNEST LEROUX, Libraire-Expert,
Rue Bonaparte, 28.

EXPOSITION PARTICULIÈRE	EXPOSITION PUBLIQUE
LE SAMEDI 13 FÉVRIER	LE DIMANCHE 14 FÉVRIER
Rue Coëtlogon, n° 10	A l'Hôtel Drouot, Salle n° 8
DE DEUX HEURES A CINQ HEURES	DE DEUX HEURES A CINQ HEURES

PARIS
ERNEST LEROUX, ÉDITEUR
28, RUE BONAPARTE, 28

1897

COLLECTION
THÉODORE DURET

PRIMITIF

1. Danseur de Nô. Pièce de l'école de Moronobou, imprimée en traits noirs énergiques, coloriée et saupoudrée d'or.

TORII KIYONOBOU
(le célèbre fondateur de l'atelier des Torii. Commencement du xviiie siècle).

2. Un personnage athlétique, au corps rouge, lutte contre des monstres. Estampe de grand format.
3. Un danseur de Nô, d'un mouvement et d'un coloris violents. Estampe de grand format.

> Après avoir, à l'exemple de Moronobou, consacré son pinceau à la peinture des beautés du jour, Torii Kiyonobou, s'étant lié avec le fameux acteur Danjouro, commença la publication de ces personnages de théâtre dont la longue série devait faire, pendant tant d'années, les délices de Yédo.

TORII KIYOMASSOU
(le successeur de Torii Kiyonobou).

4. Concert de flûte. Scène à deux personnages, devant un grand *tsouitaté*. Beau dessin à traits gras, caractéristique du premier atelier des Torii ; coloris jaune saupoudré d'or et rehauts vigoureux de noir.

TORII KIYOMITSOU
(Milieu du xviiie siècle).

5. Acteur de drame, sous un saule. Estampe en hauteur, à trois tons légers, rose, vert et gris bleu.

TORII KIYOHIRO
(Seconde partie du xviiie siècle, vers 1755).

6. Un artiste peignant un tsouitaté. Près de lui, un petit garçon prépare l'encre de Chine. Belle pièce de grand format, à deux tons énergiques, rouge et vert.

7. Un jeune homme, vêtu d'un riche costume, son chapeau de *komossô* à la main, se retourne dans un mouvement plein de noblesse. Estampe d'un superbe dessin, imprimée à plusieurs tons.

SOUZOUKI HAROUNOBOU
(De 1764 à 1779).

8. Promenade sous la neige. Un jeune homme se penchant pour enlever des *gétas* de sa compagne la neige qui la gêne dans sa marche. Charmante composition à tons gris et jaune brun, se détachant sur le vert d'une clôture en bambou. Dessin d'une extrême finesse. Pièce de premier ordre.

9. L'échelle. Dans une partie de raquettes, le volant s'est accroché aux branches d'un arbre, et le jeune homme, grimpé sur une échelle, s'efforce de l'atteindre; la femme, dans une pose pleine d'élégance, est debout près de lui. Œuvre excellente de ce délicat artiste à qui l'estampe japonaise doit tant de merveilleuses productions.

10. Les ouvrières en soie. Près d'un tendeur, où sèchent de grandes pièces de soie blanche, deux jeunes filles, au corps grêle enserré dans un vêtement collant, portent des étoffes sur des plateaux rouges. Le tout se détache sur un fond vert qui donne une valeur singulière à la robe bleue et rose de la femme debout.

11. La pluie. Une dame, en élégant costume rose, sort de son appartement, dont elle soulève le store, pour exposer à la pluie une branche de chrysanthème jaune. Très belle pièce, à tons riches.

12. Deux amoureux. Dans un somptueux intérieur, un galant à demi couché tient un livre à la main, tandis qu'une fillette caresse son pied nu. Pièce d'un coloris brillant.

13. Scène d'amour, sur une terrasse éclairée par la lune. Format oblong.

14. Le coucher. Une jeune fille lit, à la lumière d'une lampe, quelque message amoureux ; sa compagne, déjà endormie, nous apparaît à travers la moustiquaire verte. Délicieuse composition, à chaudes tonalités, en tirage excellent.

15. La toilette. Une dame, aidée de sa suivante, se hâte d'endosser un peignoir pour couvrir sa nudité. Les deux femmes sont près d'une terrasse et se retournent, comme épiant l'arrivée de quelque importun. La scène est charmante et traitée par l'artiste avec autant d'esprit que de talent.

16. A la fenêtre. Un jeune homme, son chapeau de *komossô* à la main, s'approche de deux femmes à leur fenêtre. Délicieuse estampe, du plus joli dessin. La robe blanche légèrement teintée, avec ses gaufrures et ses rehauts de noir, se détache harmonieusement sur le vert du terrain et sur le noir de la boiserie.

17. L'escalier. Une jeune femme, sa lanterne à la main, monte un escalier et se retourne vers un galant assis sur le balcon. Le relèvement des jupes laisse voir à nu l'une de ses jambes. Œuvre raffinée, en admirable tirage.

<small>Harounobou fut le premier artiste du Japon, et peut-être de l'Orient, qui se consacra presque exclusivement à la peinture de la vie, de la jeunesse, de l'amour, et toutes ces scènes naïves ou gracieuses, que nous venons de décrire, ont un charme pénétrant, une délicatesse, que nul autre peintre ne surpassa ni n'atteignit.</small>

TORII KIYONAGA
(Seconde moitié du xviiie siècle).

18. Les teinturières. Admirable triptyque et œuvre excellente du grand

artiste. Au milieu de la composition, des femmes préparent une longue pièce d'étoffe rouge à pois blancs. A droite, trois jeunes femmes, dont l'une procède au travail compliqué de sa coiffure; à gauche, deux laveuses se détachent en vigueur sur le noir d'un panneau. Dans le fond, un paysage traité avec ce soin tout particulier qu'apportait Kiyonaga dans ses œuvres de prédilection.

19. La promenade des nouvelles toilettes du printemps. Trois groupes de courtisanes, aux merveilleux costumes, défilent processionnellement dans un jardin planté de chrysanthèmes et offrent aux yeux des spectateurs éblouis un chatoiement de couleurs savamment combinées pour former un ensemble d'une extrême élégance. Superbe triptyque, à tons brillants.

20. La sérénade. Magnifique triptyque, une des œuvres maîtresses de Kiyonaga. Ici tout est à admirer, composition, paysage, personnages, dessin et tirage. La scène est vivante et pleine d'intérêt. Un jeune prince exécute sur la flûte son air le plus tendre; une femme tient au-dessus de sa tête une lanterne qui éclaire son visage et, à l'autre extrémité de la composition, la princesse, debout sur une terrasse, écoute en souriant cette harmonieuse déclaration d'amour. L'une de ses suivantes, accroupie auprès d'elle, se penche, le corps en avant, comme pour mieux entendre la suave musique qui la charme. Et toutes ces femmes aux riches costumes forment un tableau des plus gracieux, au second plan duquel se déroule un admirable paysage.

21. Un homme et une femme, se hâtant dans la campagne, fuient devant l'orage qui secoue déjà les arbres et les plantes. Belle pièce de format carré.

22. Le petit Kintoki, accoudé sur un ours noir, examine un livre d'images qui semble vivement l'intéresser. Près de lui, un diablotin, à la mine effarée, tient sa lourde hache. Curieuse estampe de format carré.

23. Trois jeunes femmes sur une terrasse illuminée de lanternes roses. Ravissantes dans leurs costumes, qui laissent à découvert leurs bras nus, elles regardent la mer où s'ébattent une foule

de baigneurs, autour des porteurs d'un riche *norimono*. Estampe en excellent tirage.

24. Scène dans un jardin. Une femme échappant à un galant qui s'efforce de la retenir. Belle pièce où des noirs énergiques sont en opposition avec les tons lavés des robes vertes et le rose des boiseries.

25. Un galant se présente à deux dames, près d'un treillage en bambou, dont la coloration rouge brique semble trahir l'influence de Koriousaï.

26. La leçon de flûte. Deux jeunes gens, en costume de *komossôs*, robes riches sur lesquelles est jeté un petit surtout noir, donnent une leçon de flûte à une dame portant le même surtout noir. Très belle pièce de grand format sur fond gris.

27. Un grand bateau, décoré de lanternes rouges, et chargé d'acteurs et de courtisanes qui regardent un singe, en belle robe rose, dansant au son des *shamisen* et des tambourins. Plusieurs barques accostent le bateau, amenant de coquettes jeunes filles, curieuses d'assister au spectacle. Dans le fond, une rive du fleuve. Grande composition où l'artiste a donné libre cours à l'élégance de son talent si aimable et si souple, dans le dessin, la pose, l'expression, l'ajustement de toutes les femmes qui animent son tableau. Encadré sous verre.

28. Trois jeunes femmes sous un parasol, en compagnie d'un marchand de cages. Estampe d'un grand style et du coloris le plus délicat. Encadré sous verre.

29. Scène de drame à trois personnages Belle pièce de grand format.

30. Yama-ouwa et Kintoki, sa terrible hache à la main. Scène de drame. Pièce d'un beau style. Coloris à tons vert, jaune et rose.

31. Deux danseuses, agitant des chevaux de bois, exécutent une sorte de valse rapide dont le mouvement est admirablement rendu. Excellente pièce de grand format. Tons rouge, brun et noir, en opposition avec le gris des étoffes flottantes.

32. Promenade de courtisanes et de kamouros en merveilleuses toi-

lettes. Estampe admirable, du coloris le plus harmonieux, rehaussé de gaufrures.

33. Trois femmes dans un parc, aux arbres fleuris. Belle pièce à tons lavés.

34. Deux dames sous un parasol et une suivante. Pièce intéressante du temps où Kiyonaga dessinait ses femmes avec une certaine lourdeur et où son coloris se bornait à quelques tons appliqués par taches sur un dessin toujours très soigné.

35. En promenade. Un homme, tenant une branche de cerisier en fleurs, marche à côté d'une dame au riche costume noir, à dessous rose, décoré d'armoiries et de chrysanthèmes. Estampe d'une superbe allure.

IPPITSOUSAI BOUNTCHO
(Entre 1760 et 1780).

36. La légende de la femme renard, à double face, femme d'un côté, renard de l'autre. Superbe pièce, de format étroit. Le personnage en costume jaune et rose, avec des rehauts noirs, se détache sur un fond d'une tonalité mordorée fort harmonieuse. C'est une œuvre très intéressante de cet habile artiste, qui se montre si souvent un dessinateur et un coloriste de premier ordre.

KORIOUSAI
Élève de Harounobou, et connu aussi sous le nom de Harouhiro, ce grand artiste continua glorieusement les traditions du maître, à la fin du xviii siècle.

37. Courtisanes en promenade, accompagnées de leurs *kamourôs*. Six estampes de grand format. Pièces exceptionnelles en magnifique tirage. Les tons sont vigoureux et brillants avec ces combinaisons harmonieuses, ces oppositions habiles où Koriousaï excelle. Les femmes sont admirablement dessinées. Elles marchent pieds nus sur leurs *gétas*, dans ce balancement et cette ondulation du corps si bien observés et si justement rendus par notre artiste. Les toilettes exposées sont d'une richesse et d'une variété inouïes. Sur

les robes aux couleurs variées, on voit peints ou brodés des paons, des dragons, des chrysanthèmes, des feuilles de momidzi, des pousses de pin, des branches de bambou, les eaux bleues d'une rivière, la masse neigeuse du Foudji et toute une diversité d'ornements où dominent la grecque et les figures géométriques. C'est un éblouissement pour les yeux. — Chacune de ces pièces sera vendue séparément.

38. Un jeune couple se divertissant au jeu des cordelettes. Charmante composition, du sentiment le plus gracieux et du plus élégant dessin. Format carré.

39. La danse des chevaux de bois. Deux guéshas, en superbes robes noires à retroussis roses, avec ceintures blanche et verte, exécutent les premiers pas. Les personnages sont tirés sur le fond gris de l'estampe, sans terrain ni accessoires.

40. La cueillette des aubergines. Deux jeunes femmes se détournent vers un élégant chasseur qui passe près d'elles, un faucon sur le poing. Dans le fond, le Foudji et un ciel jaune coupé de longs nuages roses. Œuvre curieuse dans sa composition et dans son coloris.

41. Un jeune homme, partant pour la pêche, se retourne vers deux dames à leur fenêtre. Délicieuse pièce, à la manière d'Harounobou, en admirable tirage.

TOYOHIRO
(Commencement du xixe siècle).

42. Portrait d'acteur, au type de Koshiro, sous un vaste parasol. Estampe de grand format, d'un beau style.

43. Une branche de fleurs dans un panier de bambou tressé, posé sur un plateau de laque rose. Format carré.

KATSOUKAWA SHOUNCHO
(Seconde moitié du xviiie siècle.)

44. Trois acteurs. Au milieu, une danseuse en costume rose et noir,

à décor d'éventails. De chaque côté, un personnage nu tête, en costume de *komossô*, son chapelet à la main. Triptyque d'un excellent dessin, en superbe tirage.

45. Deux acteurs. Personnage sous un parasol et une dame. Diptyque.

46. Acteurs. Une dame et un samouraï. Diptyque en très bon tirage.

47. Acteur de Nô, enfoui dans un ample vêtement rouge brun à décor géométrique.

48. La danse des chrysanthèmes. Pièce de format étroit, à tons rose et vert. Le tournoiement des étoffes flottantes est traité avec beaucoup de talent.

49. Portrait d'acteur à costume bizarre. Pièce de format étroit sur fond bleu.

50. Acteur comique. Belle pièce à tons vert et rose.

<blockquote>Nous croyons devoir citer ici l'opinion de M. Ernest Fenollosa, juge si compétent en la matière. Les planches de Shouncho, dit-il, n'ont pas encore été estimées par les connaisseurs à toute leur valeur esthétique. Nous pouvons dire, d'une manière générale, que chacune de ces pièces est un petit chef-d'œuvre d'invention, révélant de nouvelles conceptions de coloris, et une délicatesse dans le dessin et l'impression qui ne le cèdent en rien aux œuvres de Harounobou.</blockquote>

SHOUNIYEI

51. Portrait d'acteur dans un rôle de femme. Pièce excellente comme dessin et comme tirage.

52. Une Matsuri à Yédo. C'est une fête shintoïste, célébrée à diverses époques de l'année, et à laquelle prennent part toutes les classes de la population. Sur les places, on a élevé des arcs de triomphe ornés de lanternes rouges, des arbres surchargés de décorations, d'immenses massifs pour les illuminations du soir, et toute la population, hommes, femmes et enfants, heureuse de pouvoir donner libre cours à sa joie et à sa bonne humeur, défile à travers les rues, en chantant et en dansant. Aux fenêtres, c'est un fourmillement de têtes curieuses qui regardent cette foule en

gaîté, au milieu de laquelle les gamins agitent le lion de Corée, tandis que des musiciens font résonner les gongs et les tambours, et que les marchands ambulants essaient de débiter leurs friandises. C'est un tableau vivant et curieux de la vie japonaise que Shouniyei nous présente dans ce triptyque, d'une grande rareté, qui figure pour la première fois dans une vente publique.

SHOUNKO

53. Trois portraits d'acteurs. Au second plan, une galerie à claire voie peinte en un ton violent rouge brun. Beau triptyque.

54. Trois lutteurs, en costume de ville. Les personnages se découpent sur un fond bleu, avec terrain vert.

SHOUNTEI

55. Les lutteurs. Au centre, l'estrade pour la lutte; en face, la tribune des juges; tout autour, les galeries où s'est entassée la foule des spectateurs. En dehors de l'enceinte, la tour faite de bambous, du haut de laquelle on annonce le spectacle. C'est un spectacle copié sur nature, avec maint détail curieux ou plaisant. Triptyque.

56. Personnage au corps athlétique, dans un mouvement d'effort désespéré, que l'artiste a rendu avec une exagération comique. Estampe de grand format.

SHOUNZAN

57. Trois guéshas, en charmants costumes rose et blanc, à rayures, exécutent une danse gracieuse. Pièce de format carré, en beau tirage.

SHOUNTSCHO

58. Trois acteurs, dans le style de Shouncho. Triptyque.

59. Dames en promenade se rencontrant avec un acteur. Pièce de

grand format. Les personnages, d'un coloris sobre, se détachent sur un terrain jaune d'un ton solide et sur le fond gris légèrement délavé du ciel.

KITAO SHIGHÉMASA

60. Les ouvrières en soie. Deux planches charmantes se faisant suite, signées, l'une Shighémasa, l'autre Shouncho, toutes deux du même style élégant, avec les mêmes colorations, jaune et rouge. Pièces intéressantes de ces deux artistes à la collaboration desquels on doit ce chef-d'œuvre de l'art japonais, le *Seiro Bijin Awasé*, le *Miroir des Maisons vertes*, bien connu de tous les amateurs.

KITAO MASANOBOU
(Fin du xviiie siècle).

61. Un jeune homme accoste deux femmes à la promenade. Très jolie pièce de format carré, à fond gris.

62. Trois femmes, près d'un filet de pêche, au bord de la mer. Estampe de format carré, d'un coloris un peu cru et d'un joli dessin. Excellent tirage.

ATELIER DES KITAO

63. Guésha exécutant une danse désordonnée, en agitant deux longs plumeaux. Format carré.

64. Deux femmes dans un parc. Estampe carrée, d'un gracieux dessin.

YEISHI
(Fin du xviiie siècle).

65. La promenade de la princesse. Près d'un riche norimono peint et laqué déposé à terre, un jeune samouraï s'agenouille devant la princesse et lui tend un placet. Sept femmes assistent à la scène qu'encadre un beau paysage. Triptyque à tons vigoureux.

66. Cortège de courtisanes sous des branches d'érable au feuillage de corail, éclairées par des lanternes roses. Beau triptyque. Les trois groupes d'élégantes jeunes femmes se détachent sur le fond jaune de l'estampe, sans terrain ni paysage. (Quelques piqûres.)

67. Deux dames présentent à un seigneur de la Cour son bonnet de cérémonie. Pièce de grand format, d'un excellent dessin, rehaussé d'un coloris discret.

68. L'inspiration. Une dame, accroupie dans une pose méditative, son pinceau à la main. Costume gris et noir, avec bordure rouge à pois blancs. Belle pièce de grand format.

69. Dans un grand bateau, à la carène rose et noire, une dame est assise, entourée de ses suivantes, les unes dansant au son des tambourins, les autres prêtes à la servir. Triptyque d'un coloris à tons vifs.

70. Deux femmes et un enfant sur une terrasse, d'où l'on découvre un beau paysage. Superbe dessin, tirage en gris, avec des rehauts d'un noir velouté de l'effet le plus riche.

YEISHO

71. La promenade de la princesse. La jeune femme est descendue de son chariot impérial, décoré d'armoiries d'or sur fond noir laqué; elle cueille quelques fleurs et les présente sur son éventail au prince qui l'accompagne. Ses suivantes l'attendent, groupées autour de la lourde voiture. Intéressant et rare triptyque.

72. Une jeune femme, sous une branche de bambou chargée de devises et de coloquintes. Elle est assise, vêtue d'une robe noire à large ceinture rose. Sa gorge est à nu et sa luxuriante chevelure, traitée avec un soin extrême, encadre gracieusement sa figure mutine et volontaire. C'est une œuvre charmante de cet artiste trop peu connu.

YEIRI

73. Le retour au logis. Une dame montée sur un beau cheval blanc,

et accompagnée de plusieurs suivantes, arrive près d'une maison où l'attend un jeune homme assis sur une terrasse. Une femme, en costume noir, ouvre la porte du jardin. La scène se passe dans un paysage couvert de neige, avec une large rivière au second plan. Triptyque rare, d'un bel effet.

SHARAKOU

(Fin du xviiie siècle).

74. Portrait d'acteur. Grosse face au type bonasse. Belle pièce en excellent tirage, sur fond micacé.

OUTAMARO

(1754-1797.)

75. Les plongeuses *ou les pêcheuses de perles*, le fameux triptyque, d'un si grand style. C'est peut-être l'œuvre maîtresse d'Outamaro, et l'un des documents les plus curieux et les plus intéressants de l'estampe japonaise, comme étude de nu.

La planche de gauche représente une pêcheuse d'*awabi* presque nue, le bas du corps voilé d'un lambeau d'étoffe rouge, et, au-dessus d'elle, sa compagne lui montrant l'endroit où il faut plonger. Dans la feuille du milieu, une pêcheuse peigne sa chevelure ruisselante d'eau, pendant qu'un enfant nu la tette debout. La feuille de droite nous fait voir une pêcheuse, son couteau entre les dents, tordant des deux mains le morceau d'étoffe rouge qui lui serre les reins.

M. de Goncourt, qui a eu sous les yeux les trois exemplaires de ce triptyque connus à Paris, et qui appartenaient à MM. Burty, Duret et Gonse, donne d'intéressants détails sur les différences de colorations et de tirage qui distinguent chacune de ces trois épreuves.

76. L'arrivée de la fiancée. La jeune femme descend d'un lourd carrosse, aux roues laquées aux tentures de soieries, en s'appuyant sur le bras d'une de ses compagnes. D'autres dames portent les cadeaux. La scène a pour témoins deux femmes, dont l'une est couchée sur une terrasse, et le jeune prince qui se dissimule derrière un store. Superbe et très rare triptyque.

77. Le premier jour de l'an. Un élégant intérieur où se tire une loterie. Une femme présente à ses compagnes un emmêlement de cordelettes et le lot est gagné par celle qui choisit la cordelette à laquelle il est attaché. A droite, une femme apporte un nouveau lot pour remplacer celui qu'on est en train de tirer. Beau triptyque.

78. Une courtisane, vêtue d'une robe à décor de fleurs de cerisier, coupée de longues bandes vertes, marche en se retournant vers ses deux *kamouros* qui jouent avec une poupée de petit musicien. Très belle pièce de grand format, à fond jaune.

79. Une mère présentant le sein à son enfant. Estampe d'un bon tirage. La chevelure est remarquablement traitée.

80. Portrait de courtisane. Œuvre intéressante. De la série des *Grandes Têtes*, cette suite admirable de portraits aux sourcils arqués, aux somptueuses chevelures noires, où la chromoxylographie japonaise semble, dit M. de Goncourt, avoir atteint la perfection.

81. Les deux sœurs Matzugazé et Mourasamé qui furent les amantes célèbres d'un prince exilé dans l'île de Hachijo. Elles sont vêtues de riches costumes, avec le jupon de roseaux et le bâton courbe supportant les deux seaux des *siwokoumi* (porteuses de sel). Estampe de grand format, en superbe tirage.

82. L'un des Trente-six poètes, en costume militaire, assis entre deux femmes. Personnages imprimés sur le fond de l'estampe, sans terrain ni accessoires. Pièce de grand format, avec la marque de l'éditeur.

83. Le piège. Le paysan y trouve suspendue une bouteille à saké, tandis que le renard debout dans une meule de paille le regarde goguenard. Pièce curieuse contrastant avec la manière habituelle de l'artiste.

84. Une mère, portant son enfant sur son dos, se penche vers une fontaine où se réfléchissent leurs deux visages. Pièce de premier ordre, en excellent tirage.

85. Kintoki s'amusant avec un cheval de bois, tandis que Yama-

ouwa, assise derrière lui, joue du shamisen. Pièce excellente. La chevelure noire de la femme est supérieurement traitée.

86. La toilette. Scène à quatre personnages, trois femmes et un galant. Une suivante achève la coiffure de sa maîtresse, tandis qu'une autre présente les *kanzashis*. Estampe dessinée avec un soin extrême, et du plus beau tirage. Marque de l'éditeur.

87. Deux amoureux. Pièce de grand format.

88. La fumeuse. Jeune femme tenant sa pipette à la main et lançant en l'air un jet de fumée. Excellente pièce de grand format, en tirage très soigné.

89. Bouderie d'amoureux, avec de curieuses expressions de physionomie. Très bonne estampe de grand format.

90. Une femme, vêtue d'un peignoir à riche décor, arrange des fleurs dans des vases. Grande pièce du plus bel effet.

OUTAGAWA TOYOKOUNI

(1769-1825).

91. Acteurs. Trois personnages de comédie, réunis en un triptyque d'un excellent dessin.

92. Fillette jouant avec une poupée, auprès de sa mère. Estampe à tons mauve et gris, avec quelques touches de jaune.

93. La promenade de la princesse. Triptyque. Montée sur un beau cheval gris pommelé, elle est accompagnée de six suivantes, dont les unes rattachent leurs *gétas*, les autres allument leur pipette. Mais ce laisser-aller n'a pas de témoins, on est en pleine campagne, en face du Foudji, et la princesse est si bonne!

94. Portrait d'acteur. Buste nu, avec des tons de couleur chair. Estampe curieuse.

95. Acteur dans un rôle de femme. Belle pièce en hauteur, à coloris léger.

KOUNISADA

96. Deux personnages aux formes athlétiques, au corps peint en jaune, avec des tatouages rouges, supportent chacun d'une main un norimono noir, à la fenêtre duquel apparaît la tête d'un jeune homme. Diptyque décoratif, d'un effet curieux. Encadré sous verre.

KOUNIMASA

97. Portrait d'acteur. Estampe de grand format en beau tirage.

HOKUSAI

(1760-1849).

98. Les apparitions. Série connue au Japon sous le titre : *Hiakou Monogatari, les Cent Contes*. Cinq planches publiées en 1830 et qui sont célèbres dans l'œuvre du grand artiste.

<small>Notre exemplaire est particulièrement remarquable comme beauté de tirage et comme état de conservation. — Chaque pièce sera mise en vente séparément, mais l'adjudication, provisoire, ne sera définitive que si le total des cinq adjudications réunies n'obtient pas de surenchère pour l'ensemble de la collection.</small>

— I. La lanterne, qui se consume lentement et qui a l'aspect effrayant d'une tête de mort à demi rongée, se détachant livide et sanguinolente sur le bleu sombre de la nuit.

— II. L'ogresse, à la mâchoire terrible, dévorant un enfant dont elle serre entre ses doigts crochus le crâne brisé.

— III. Le spectre. Tête pâle exhalant un souffle. Le corps formé d'un enroulement d'assiettes vertes sort d'un puits. C'est l'apparition de la petite servante Okikou, qui s'est suicidée là pour échapper aux reproches de sa maîtresse, à propos d'une assiette cassée.

— IV. Le fantôme. Une femme squelette soulevant une moustiquaire à laquelle se cramponne une main décharnée.

— V. Souvenirs de mort. Une fiche avec l'état civil du défunt et, auprès, des bonbons et des fleurs apportés pour son anniversaire. Tout autour s'enroule un long serpent.

99. Lutte de trois jeunes femmes. Sourimono circulaire.

100. Femme et enfant près d'une petite table au bord d'une rivière. Sourimono, signé Sôri.

101. La toilette. Deux femmes sur une terrasse. L'une, le torse nu, procède à ses ablutions; tandis que l'autre lit, nonchalamment couchée. Sourimono d'un admirable dessin.

102. Tête de jeune femme. Petit sourimono tiré avec un soin infini. La chevelure est admirablement traitée.

103. Un pont, sur lequel la foule se presse vers les théâtres de l'autre rive. Au-dessous, le fleuve sillonné de barques et, à l'horizon, le disque rouge d'un soleil couchant. Long sourimono, signé Sôri.

104. Objets divers sur un plateau de laque rouge. Sourimono de grand format oblong. Signé Tameïchi.

105. Jeunes femmes se livrant au plaisir de la chasse aux libellules près d'un ruisseau parsemé d'iris. Long sourimono, signé Sôri.

106. Société élégante sur une terrasse d'où l'on découvre un beau paysage. Sourimono de grand format oblong.

107. Poésies de printemps. Cinq seigneurs composant des *outas* sur les bords fleuris d'un ruisseau, tandis que trois dames de la Cour les regardent du haut d'une terrasse. Long sourimono.

108. Trois jeunes femmes examinant une étoffe. Sourimono, signé Sôri.

109. Un taïkomati au Yoshiwara. Curieux sourimono de grand format oblong. Signé Sôri.

110. Une Maison Verte au Yoshiwara. Grande composition de cinq feuilles.

Œuvre fort intéressante, montrant sur le vif les mœurs des courtisanes dans leur élégant intérieur. Ici, la cuisine, les friandises, les apprêts d'un festin ; là, le grand salon de réception, avec l'autel élevé aux dieux et chargé de Dharmas; plus loin, les petites pièces intimes ; tout cela animé par une foule de femmes, les unes sortant processionnellement pour la promenade des toilettes nouvelles, les autres déballant des cadeaux, d'autres recevant des amis; puis tout un monde de gens de service, de taïkomati plaisants, de fournisseurs. Une telle composition en apprend plus que de longues lectures sur ce Yoshiwara, si souvent célébré par les peintres et les poètes du Japon.

111. Lutte de deux géants. Sourimono sur fond cuivré.

112. Le marchand ambulant. Il étale sa marchandise devant plusieurs dames assises sur une terrasse dans un parc. Belle composition de grand format oblong.

113. La Soumida. Le large fleuve est sillonné de barques, aux voiles gonflées par le vent. Il coule majestueux entre ses deux rives verdoyantes, prenant déjà l'aspect d'un bras de mer. Estampe de grand format oblong.

114. Un buffle couché à terre. Sourimono oblong. Signé Sôri.

Albums et Recueils de Planches

115. OUTAMARO. — Les métiers, représentés par des jeunes femmes. Recueil de onze planches en un album de grand format, à couverture de soie. Série d'un dessin très élégant, rehaussé d'un coloris à tons légèrement lavés.

116. SOURIMONOS DE L'ÉCOLE DE KIOTO. — Recueil de 102 planches doubles et de 12 planches simples Collection fort intéressante de pièces choisies de cette branche si caractéristique de l'École populaire. En un album de grand format, reliure en bois recouvert de soie.

117. KOUNISADA. — Un grand album de plus de cent planches, contenant la célèbre composition de l'artiste : *Le Grand Pont de la Soumida*, en 5 feuilles ; de nombreux diptyques, des portraits

d'acteurs, des scènes de drame. A la fin de l'album, quelques planches par divers artistes, notamment : *La Légende des Shojos*, les buveurs de saké, à cheveux rouges, par Outamaro ; une scène burlesque au Yoshiwara, par Shountscho ; un masque d'Okamé, par Kouniyoshi, etc.

118. — Une barrière à claire voie, derrière laquelle se pressent une vingtaine de lutteurs, aux formes athlétiques, entourés et suivis de toute une foule curieuse. Longue composition de cinq feuilles.

119. KOUNIYOSHI. — Les portraits des Ronins, au milieu du combat, dans le palais de Kira. Album de 52 planches de grand format, une des œuvres capitales de l'artiste.

120. LE TOKAIDO. — Deux albums de 27 et 28 planches, contenant superposés : un petit Tokaïdo ancien d'Hokusaï, coupé de longs nuages roses et un Tokaïdo oblong d'Hiroshighé, en bon tirage.

121. — Les plus beaux sites de la route du Tokaïdo, par Hiroshighé. Album de 54 planches, en format carré.

122. — Un autre Tokaïdo d'Hiroshighé, en format oblong. Album de 70 planches doubles.

123. SOGAKOUDO. Fleurs et oiseaux, aux différentes saisons. Album de 48 planches en couleurs, d'un des derniers grands artistes de l'École *Oukiyo-yé*.

INDEX

	Pages.
Primitif	5
Torii Kiyonobou	5
Torii Kiyomassou	5
Torii Kiyomitsou	6
Torii Kiyohiro	6
Souzouki Harounobou	6
Torii Kiyonaga	7
Ippitsousaï Bountcho	10
Koriousaï	10
Toyohiro	11
Katsoukawa Shouncho	11
Shouniyeï	12
Shounko	12
Shountei	13
Shounzan	13
Shountscho	13
Kitao Shighémasa	14
Kitao Masanobou	14
Atelier des Kitao	14
Yeïshi	14
Yeïsho	15
Yeïri	15
Sharakou	16
Outamaro	16
Outagawa Toyokouni	18
Kounisada	19
Kounimasa	19
Hokusaï	19
Albums et Recueils de planches	21

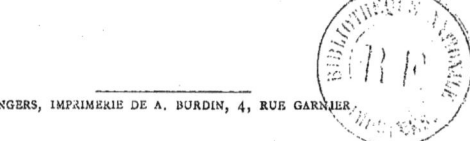

ANGERS, IMPRIMERIE DE A. BURDIN, 4, RUE GARNIER.

ERNEST LEROUX, Éditeur, rue Bonaparte, 28

INSTITUT DE FRANCE

ACADÉMIE DES INSCRIPTIONS ET BELLES-LETTRES

FONDATION EUGÈNE PIOT

MONUMENTS ET MÉMOIRES
PUBLIÉS PAR L'ACADÉMIE DES INSCRIPTIONS ET BELLES-LETTRES

Sous la direction de MM. Georges PERROT et Robert DE LASTEYRIE
Membres de l'Institut

Avec le concours de M. Paul JAMOT,
Secrétaire de la Rédaction.

TOMES I ET II, ACCOMPAGNÉS DE NOMBREUSES PLANCHES EN HÉLIOGRAVURE
TOME III, FASCICULE I (*Vient de paraître*)

Prix de souscription : Paris, 32 fr. — Départements, 33 fr. — Étranger, 36 fr.

BIBLIOTHÈQUE NATIONALE

CATALOGUE DES BRONZES ANTIQUES
DE LA BIBLIOTHÈQUE NATIONALE

Publié sous les auspices de l'Académie des Inscriptions et Belles-Lettres

Par **Ernest BABELON**,
Conservateur du Département des Médailles et Antiques,

et **J.-Adrien BLANCHET**,
Sous-bibliothécaire au même Département.

Un beau volume grand in-8 de 800 pages, illustré de 1.100 dessins. . . 40 fr.

CATALOGUE DES CAMÉES DE LA BIBLIOTHÈQUE NATIONALE

PUBLIÉ SOUS LES AUSPICES DE L'ACADÉMIE DES INSCRIPTIONS ET BELLES-LETTRES

Par **Ernest BABELON**,
Conservateur du Département des Médailles et Antiques.

Un volume grand in-8 et un album de 76 planches . . . . . . 40 fr.

CATALOGUE GÉNÉRAL DES MANUSCRITS FRANÇAIS
DE LA
BIBLIOTHÈQUE NATIONALE

Par **Henri OMONT**,
Conservateur-adjoint du Département des Manuscrits.

Environ 15 volumes in-8. (*En cours de publication.*)

Tomes I à IV. — Chaque volume . . . . 7 fr. 50

ERNEST LEROUX, ÉDITEUR
28, rue Bonaparte, 28.

MINISTÈRE DE L'INSTRUCTION PUBLIQUE ET DES BEAUX-ARTS

MANUFACTURE NATIONALE DE SÈVRES

CATALOGUE
DU
MUSÉE CÉRAMIQUE

PAR

ÉDOUARD GARNIER

CONSERVATEUR DU MUSÉE ET DES COLLECTIONS

FAÏENCES

Un beau volume in-8, de XLVI et 636 pages, illustré des reproductions, en fac-simile, des marques, monogrammes et signatures de toutes les pièces du Musée.

Prix : 10 francs (franco).

Quelques exemplaires sur fort papier vélin, à 20 francs.

Ce volume, précédé d'une importante Introduction historique, contient une notice sur chaque centre de fabrication et constitue une véritable histoire de la faïence en France et à l'étranger. C'est un guide sûr, un vade-mecum indispensable à tous les collectionneurs et amateurs.

Angers. — Imprimerie de A. Burdin, rue Garnier, 4.

www.ingramcontent.com/pod-product-compliance
Lightning Source LLC
Chambersburg PA
CBHW062001070426
42451CB00012BA/2398